CATON D'UTIQUE,

TRAGÉDIE DE M. ADDISSON,

Traduite de l'Anglois

Par M. GUILLEMARD,

Écrivain de la Marine & des Classes, Secrétaire de l'Intendance de Marine en Bretagne.

A BREST,
Chez R. MALASSIS, Imprimeur ordinaire du Roi & de la Marine.

Et se vend A PARIS,

Chez DURAND, Libraire, rue St. Jacques, à la Sagesse.

M. DCC. LXVII.

AVEC APPROBATION.

ERRATA.

Page 10, *Ligne* 18. Vente. *Lisez* Vante.
Page 54, *Vers* 22. Le soleil. *Lisez* Le sommeil.

A MONSIEUR

DE CLUGNY,

Maître des Requêtes, Intendant de la Marine en Bretagne.

MONSIEUR,

SI vous eussiez vécu dans les premieres années du Regne de LOUIS XIV*, dans cette aurore du beau Siecle de la renaissance des Lettres, vous les auriez sans doute aimées, comme vous les aimèz aujourd'hui. Si par la même supposition, il m'eut alors été permis de vous dédier un livre, vous auriez été contraint par l'usage, de tolérer les expressions de la plus ridicule adulation. Le grand Corneille lui-même crut avoir trouvé quelque ressemblance entre un Trésorier de l'Épargne **

* M. de Montauron.

qui peut-être lui avoit rendu quelque leger ſervice, & le Maître de Rome pardonnant à Cinna. C'étoit la fureur du tems : on vouloit de l'eſprit par-tout ; & comme on le faiſoit conſiſter dans les rapports & les contraſtes, on ne manquoit pas d'en chercher à quelque prix que ce fut. Mais à préſent je ſerois mal reçu à vouloir comparer un Romain qui ſe donna la mort, dans le tems où il eut pu être le plus utile à ſa Patrie, avec un Homme d'Etat, chargé de l'Adminiſtration du premier Port de France, & qui s'occupe ſans relâche des progrès de la Marine du Roi.

Je ne vous rends donc, MONSIEUR, *cet hommage public, qu'afin que ma reconnoiſſance le ſoit ; & que ceux qui liront cet ouvrage, ſachent que ſi vous m'honorez de vos bontés, je les mérite en quelque ſorte, par le ſentiment qu'elles m'inſpirent.*

Je ſuis avec reſpect,

MONSIEUR,

VOtre très-humble & très-obéiſſant ſerviteur,

GUILLEMARD.

PRÉFACE.

LE premier Auteur Anglois, dit M. de Voltaire *, *qui ait fait une piece raisonnable & écrite d'un bout à l'autre avec élégance, est l'illustre M. Addisson. Son* Caton d'Utique *est un Chef-d'œuvre pour la diction & pour la beauté des vers. Caton y est grand sans enflure & me paroît le plus beau Personnage qui soit sur aucun Théatre; mais les autres Rôles de la Piece n'y répondent pas, & cet Ouvrage si bien écrit, est défiguré par une froide intrigue d'amour, qui répand sur la Piece une langueur qui la tue.*

Ce jugement d'un homme célébre, confirmé depuis par ceux qui ont acquis quelque connoissance de la Littérature angloise, a déterminé le plan que j'ai dû suivre dans l'Analyse que je donne de cette Tragédie. J'ai dû présenter au Public, autant que j'en suis capable, les beautés réelles de cette

* Mêlanges de littérature, Chap. 27e. *De la Tragédie.*

Piece, & lui épargner l'ennui qu'entraîne néceſſairement une intrigue d'amour tout au moins déplacée. Ce plan une fois adopté, j'ai dû me propoſer pour modele M. de la Place, qui en a uſé ainſi dans ſon *Théatre Anglois;* & c'eſt, je crois, la ſeule maniere de traduire des Auteurs dramatiques qui ſe permettent toutes ſortes d'écarts que notre goût n'admet point, malgré les beautés qui peuvent quelquefois en réſulter.

On ne peut cependant point reprocher cette licence à M. Addiſſon : ſa Tragédie eſt réguliere à beaucoup d'égards. Quant à cette intrigue froide qui lui ſert de canevas ; on ſeroit tenté de croire qu'il l'a moins employée par complaiſance pour la Cour galante de Charles II, que pour que rien ne pût dominer ſon premier Rôle.

Ce Rôle, dit M. Marmontel, en parlant de cette piece dans ſon *Apologie du Théatre*, *eſt la raiſon & la vertu même : il eſt auſſi calme qu'il eſt patétique; & ſi l'héroïſme en étoit moins tranquille, il ſeroit beaucoup moins touchant.*

D'après ce ſentiment, on s'apperçoit qu'il eût été de la plus grande difficulté de fixer l'intérêt ſur un Rôle auſſi ſimple, à travers des perſonnages vraiment tragiques; la ſageſſe & la raiſon n'étant pas les reſſorts de la Tragédie, comme les grands crimes & les grandes paſſions.

M. Deſchamps donna en 1715, au Théatre de Paris, une Tragédie de Caton d'Utique. M. le Ch[er]. de Mouhy avance dans ſes *Tablettes dramatiques* qu'elle eſt tirée de celle de M. Addiſſon. Entre pluſieurs preuves que l'on pourroit donner du contraire, il en eſt une que je crois ſans replique : c'eſt que M. Ozells l'a traduite en vers anglois, & l'a fait repréſenter à Londres.

Je demande bien pardon à M. l'Abbé le Blanc, dont nous avons trois volumes de *Lettres d'un François ſur les Anglois*, de n'être point de ſon avis, lorſqu'il enveloppe M. Addiſſon dans l'accuſation de plagiat qu'il forme à bien plus juſte titre contre pluſieurs Auteurs dramatiques de cette Nation. Il prétend * que la ſeconde Scene du ſecond Acte, celle où Caton reçoit un Ambaſſadeur de Céſar, eſt copiée d'après la fameuſe entrevue de Sertorius & de Pompée. Il ſera aiſé de ſe convaincre du degré de fondement de cette aſſertion, en comparant les deux Scenes.

Je dois un aveu au Public. Comme il n'entroit point abſolument dans le plan que je me ſuis propoſé, de traduire les Scenes amoureuſes de cette Piece ; que la cinquieme Scene du premier Acte eſt même la ſeule en ce genre qui eut pu mériter cette peine, par la tournure mâle & nerveuſe que l'Auteur a donnée à la déclaration d'amour de Juba ; je n'ai point héſité de la prendre dans le *Mercure de France du mois de Mai 1760*, après y avoir fait quelques changemens que le ſens littéral éxigeoit.

Je finis par une réflexion de M. de Voltaire,

* Dans ſa 77e Lettre.

en parlant de Shakeſpëar. * *Vous vous plaindrez ſans doute que ceux qui vous ont juſqu'à préſent parlé du Théatre Anglois, ne vous ayent encore fait voir que ſes erreurs, & que perſonne n'ait traduit aucun de ces morceaux frappans qui demandent grace pour toutes ſes fautes. Je vous répondrai qu'il eſt très-aiſé de rapporter en proſe les ſottiſes d'un Poëte, mais très-difficile de traduire ſes beaux vers. Tous ceux qui s'érigent en Critiques des Écrivains célébres, compilent des volumes; j'aimerois mieux deux pages qui nous fiſſent connoître quelque beauté.*

* Même Chapitre que ci-devant.

CATON D'UTIQUE, DE M. ADDISSON.

ECCE spectaculum dignum ad quod respiciat intentus operi suo Deus! ecce par Deo dignum, vir fortis cum malâ fortunâ compositus! non video, inquam, quid habeat in terris Jupiter pulchrius, si convertere animum velit, quàm ut spectet Catonem, jam partibus non semel fractis, nihilominùs inter ruinas publicas erectum. SEN. DE DIV. PROV.

LE spectacle le plus digne de fixer les regards de la Divinité, lorsqu'elle contemple tout ce qu'elle a produit, celui de ses ouvrages le plus semblable à elle-même, est l'homme courageux aux prises avec la mauvaise fortune. Je ne crois point en effet, que Jupiter, s'il jette les yeux sur la terre, y puisse rien voir de plus grand que Caton, après la défaite entiere de son parti, levant un front intrépide au milieu des ruines de sa patrie;

ACTEURS.

CATON.

LUCIUS, }
SEMPRONIUS, } *Sénateurs.*

JUBA, *Prince de Numidie.*

SYPHAX, *Général des Numides.*

PORTIUS, }
MARCUS, } *Fils de Caton.*

DÉCIUS, *Ambaſſadeur de Céſar*

FEMMES.

MARCIE, *Fille de Caton.*

LUCIE, *Fille de Lucius.*

GARDES, Troupe de Factieux, &c.

La Scene eſt à Utique, dans la Galerie du Palais du Gouverneur.

CATON D'UTIQUE.

ACTE PREMIER.

SCENE PREMIERE.

PORTIUS, MARCUS.

PORTIUS.

L'Aurore enfin se leve, & son triste retour
Dans un nuage épais semble cacher le jour
Qui, portant les destins de Caton & de Rome,
Va de nouveaux malheurs accabler ce grand homme;
Il ne resteroit plus à nos fiers destructeurs
Que d'oser sur sa tête assouvir leurs fureurs.

César, à la clarté du flambeau de la guerre,
A déja parcouru les trois quarts de la terre;
Avide d'effacer d'une barbare main,
Les restes précieux du nom républicain.
S'il marche plus avant, de nouvelles victimes
Manqueront à son bras cherchant de nouveaux crimes.
Quels désordres affreux dans chaque Nation
Enfante tous les jours la folle ambition!

MARCUS.

Que n'ai-je le sang-froid de l'œil philosophique,
Pour contempler ainsi la ruine publique!
Quand je vois qu'un Romain veut nous donner la loi,
Je me sens agité, furieux, hors de moi.
Du seul nom du tiran mon oreille est blessée.
Pharsale au même instant se montre à ma pensée.
Je vois César, je vois ses parricides mains
Dégoutantes du sang des Chevaliers romains;
Je vois son fier coursier, respirant le carnage,
Les fouler à ses pieds & seconder sa rage.
Grands Dieux! ces feux vengeurs exhalés des enfers,
Qui de monstres sans nombre ont purgé l'univers,
N'éclateront-ils point pour dévorer l'impie
Qui déchire les flancs dont il reçut la vie.

PORTIUS.

Mon frere, croyez-moi: ces succès odieux

Sont un prix qu'aux forfaits ont réservé les Dieux.
César, poursuivant trop une ombre mensongere,
Met dans un plus beau jour les vertus de mon pere.
Armé pour la Patrie & pour la liberté,
L'honneur & la vertu seront de son côté ;
Il est l'appui de Rome, & sa voix respectable
Est le soutien des loix & l'effroi du coupable.

MARCUS.

Que peut faire Caton, lorsque tout l'univers
S'empresse d'être esclave & semble aimer ses fers ?
Envain nous rassemblons dans les remparts d'Utique
Les restes dispersés de notre République,
Ces Sénateurs courbés sous le poids du malheur,
Ces soldats échapés au glaive du vainqueur.
Envain le fier Juba, dans sa juste colere,
Sur les jours de César prétend venger son pere,
Et du fond des déserts vient offrir aux Romains
Et son ressentiment & ses noirs Africains. (†)
Le reste de la terre attend dans le silence

(†) M. Addisson, en résumant ici tous les secours sur lesquels le parti de Caton pouvoit encore compter, auroit dû parler aussi des fils de Pompée qui cotoyoient l'Espagne avec quelques vaisseaux de la République, pour demander vengeance de l'assassinat de leur pere. Le lecteur eut été préparé à ce que l'auteur en dit dans la fin du cinquieme acte.

Quel ſera le ſuccès de notre réſiſtance.
Inflexible deſtin, à quoi nous réduis-tu ?
Le malheur ſera-t'il le prix de la vertu ?
Oui, je ſerois tenté, dans un ſort ſi contraire,
D'abjurer pour jamais les leçons de mon pere.

Telle eſt la premiere partie de l'expoſition. Portius rappelle à ſon frere quelques raiſonnemens philoſophiques de Caton ſur la nature du bonheur. Celui-ci l'interrompt pour lui peindre la triſte ſituation où le plonge un amour ſans ſuccès pour Lucie. Portius, qui connoit le caractere bouillant de ſon frere, lui cache qu'il eſt ſon rival, & s'efforce de l'engager à ſecouer un joug indigne d'une ame romaine, d'un fils de Caton. Il appuie ſes diſcours de l'exemple du jeune Juba, Prince de la plus grande eſpérance, qui, quoiqu'éperduëment amoureux de Marcie leur ſœur, n'a pas encore oſé lui déclarer ſa paſſion, & ne ſemble penſer qu'à acquerir de la gloire. Marcus piqué qu'on lui offre, dans un Africain, un modele à ſuivre, tient à ſon frere quelques propos un peu durs. Portius le radoucit, & Marcus ſort à l'arrivée de Sempronius.

SCENE II.

SEMPRONIUS, PORTIUS.

SEMPRONIUS, ſe croyant ſeul, laiſſe entre-voir qu'il eſt occupé du projet d'une conſpiration; & forcé de diſſimuler vis-à-vis de Portius qu'il apperçoit, il affecte des ſentimens vraiment romains. Portius lui apprend que Caton fait convoquer le peu de Sénateurs enfermés dans Utique. Sempronius feint la plus grande vénération pour Caton, & de-là paſſe à ſa paſſion pour Marcie. Portius éloigne une converſation qui lui paroit déplacée, & part pour ranimer le courage des ſoldats, tandis que le Sénat va prendre une réſolution. Il finit par ces vers :

Si des Républicains, en courant à la gloire,
Ne peuvent ſur leurs pas enchaîner la victoire,
Il reſte un grand motif propre à les exciter;
Ils peuvent faire plus ; c'eſt de la mériter.

Sempronius reſté ſeul, développe ſon caractere. Ce Sénateur irrité contre Caton qui lui a refusé sa fille, & d'ailleurs peu jaloux de rester attaché au parti le plus foible, n'attend que Syphax pour l'exécution d'un projet qu'ils ont formé. Il espere beaucoup de César, & particulierement cette jeune Marcie à titre d'esclave.

SCENE III.

SYPHAX, SEMPRONIUS.

SYPHAX vient apprendre à Sempronius que les Numides sont prêts pour la revolte. Celui-ci s'informe s'il a entraîné Juba dans leur parti. Syphax n'a pu y réussir encore, & se propose de faire une nouvelle tentative sur l'esprit de ce Prince qui, devenu l'héritier du Trône de son Pere, rendroit César Maître de l'Afrique entiere. Mais il croit devoir exhorter Sempronius à bien cacher leur projet aux yeux pénétrans de Caton dans la prochaine assemblée du Sénat. Sempronius se promet d'y parler avec chaleur pour Rome & d'éclater en injures contre César ; disant à Syphax que la simple dissimulation est une vieille ruse usée, & qu'il vaut bien mieux donner le change par les déclamations les plus vives. On verra dans la suite de cet ouvrage, qu'il met volontiers de telles leçons en pratique. En attendant, il sort pour aller exciter les mécontens d'entre les troupes romaines à se revolter contre Caton.

SCENE IV.

JUBA, SYPHAX.

DANS cette Scene qui contient près de deux cens vers, Syphax tâche de déprimer les Romains par quelques-uns des raisonnemens que l'on a souvent employés depuis, lorsqu'on a voulu jetter du mépris sur les Sciences & les Arts. Selon lui, la vigueur pour lancer des flêches & des javelots, l'art de dresser des chevaux & des éléphans pour la guerre, sont un mérite & des talens portés à un si haut point en Afrique, qu'il les préfere à tout ce que Rome a de plus admirable, & particulierement à ce ſtoïciſme de Caton, dont il n'a pas une haute idée. On penſe bien que Juba ne ſe rend pas à de telles raiſons ; auſſi Syphax eſt-il obligé de recourir à un moyen plus puiſſant ſur le cœur du Prince. Il lui rappelle adroitement la mémoire de ſon Pere qui ne ſeroit pas mort indignement de la main d'un eſclave, s'il ne ſe fût attaché au parti des Romains. Juba s'attendrit & verſe des larmes. Syphax le preſſe de profiter du malheur de ſon Pere & d'abandonner Caton. Juba lui avoue que par un tel procedé, il ſe trouveroit une ſeconde fois orphelin. Syphax, qui s'eſt déja apperçu qu'il aimoit Marcie, lui perſuade que l'amour ne ſe dompte que par la fuite, & qu'à ſa Cour il trouvera mille beautés qui lui feront oublier celle-ci, & lui vente l'éclat de leur teint coloré par le Soleil. Juba lui peint les belles qualités de l'ame de Marcie qu'il préfere à ſa beauté, & dans cet inſtant Marcie paroît ſur la Scene. Furieux de ce contre-tems, Syphax part en faiſant quelques imprécations contr'elle.

SCENE V.

JUBA, MARCIE *accompagnée de Lucie*.

JUBA *à Marcie*.

JEune & charmant objet, ô vous dont la beauté
Fait * ſourire l'horreur & la férocité,
Je ſens qu'à votre aſpect mon ame ſe déploie;
Moins ſenſible à nos maux mon cœur s'ouvre à
la joie;
Et ce moment heureux que m'offre le hazard,
Me fait preſque oublier l'approche de Céſar.

MARCIE.

Ah! Prince, ſeroit-il du deſtin de Marcie
De vous faire oublier des vainqueurs en furie,
Prêts à courir encore à de nouveaux combats.

JUBA.

Si, du moins quand je vais affronter le trépas;
Je pouvois emporter cette douce penſée,
Que Marcie à mon ſort daigne être intéreſſée,
Et laiſſe en ma faveur échaper quelques vœux;
Cet eſpoir enchanteur puiſé dans vos beaux yeux,

* Make ev'n horror ſmile.

Guidant d'un bras plus ſûr les coups inévitables,
Feroit pleuvoir la mort ſur leurs têtes coupables.

MARCIE.

Ceux qui, dignes amis de Rome & de Caton,
Soutiennent tout l'éclat de cet auguſte nom,
Qui ſervent la vertu contre la tirannie,
Seuls ont des droits aux vœux que peut former
Marcie.

JUBA.

A ce glorieux prix je puis donc aſpirer!
Et toi, ſage mortel, Caton, viens m'inſpirer:
Allumes dans mon ſein cette divine flamme
Que la vertu romaine alluma dans ton ame;
Qu'un jour ta fille en moi puiſſe te retrouver;
Qu'un jour....

MARCIE.

Commencez donc, Seigneur, par nous prouver
Que vous ſavez unir les effets aux paroles.
Le tiran vient: Caton, par des diſcours frivoles,
Ne perdroit point ainſi de précieux inſtans.

JUBA.

Ah, cruelle Marcie! arrête; je t'entends.
Je vole à mes ſoldats: de leur valeur mourante
Je vole ranimer la flamme languiſſante,
Inſpirer mon ardeur aux eſprits abbattus,

Porter dans tous les cœurs Caton & ſes vertus.
Et quand Mars paroîtra ſous cette pompe horrible
Qu'étale des combats l'apprêt ſombre & terrible,
Tes traits toujours préſens à ce cœur plein de toi,
Tes traits chers & charmans ſe montreront à moi;
Et nos tirans verront que mon bras juſtifie
L'orgueil des vœux que j'oſe adreſſer à Marcie.

SCENE VI.

LUCIE, MARCIE.

LUCIE reproche à ſa compagne le ton ſévere avec lequel elle reçoit un Prince dont l'amour va juſqu'à vouloir ſacrifier ſa vie pour elle. Marcie lui répond que c'eſt parce qu'elle l'aime, qu'elle le traite de la ſorte. Tout en lui, parle pour lui, elle redoute même juſqu'au ſon de ſa voix. D'ailleurs la crainte des dangers auxquels Caton eſt expoſé, à l'approche de l'armée de Céſar, doit étouffer en elle tout autre ſentiment. Lucie lui avoue qu'elle n'a point une telle fermeté d'ame. Également aimée des deux fils de Caton, elle balance quelque-tems à nommer à Marcie, confidente de ses deux freres, celui à qui elle donne la préférence. Elle déclare enfin que c'est à Portius dont la tendresse, la complaisance, &c. *lui ont enlevé l'ame*. Pour Marcus; son caractere bouillant, ses plaintes trop passionnées, ne permettent pas même de l'écouter. Marcie prend ses intérêts, précisément parce qu'il est malheureux; assurant Lucie qu'elle en eut fait autant pour Portius, si ses vœux eussent été dédaignés. Lucie se reproche de jetter le trouble & la division dans la famille de Marcie qui lui fait espérer des tems plus heureux.

Cet Acte est terminé par une comparaison de la vie humaine, avec *un Ruisseau qui, troublé par la chute des torrens, s'épure dans son cours, jusqu'à ce que ce miroir flottant réfléchisse chaque fleur qui croît sur ses bords & découvre un nouveau ciel dans son beau sein.*

Fin du premier Acte.

ACTE II.

SCENE PREMIERE.

Le Sénat est assemblé.

CATON.

PERES de la Patrie, illustres descendans
De ces premiers Romains, ennemis des tirans;
Nous voilà parvenus à la grande journée
Dont Rome chancelante attend sa destinée.
La marche de César va bientôt décider
Si nous devons combattre, ou s'il faut lui céder.
Lui préparerons-nous une juste défense?
La victoire le suit, la terreur le devance;
Le crime l'accompagne, & bientôt l'univers
N'est plus libre qu'au choix de la mort ou des fers.
Pharsale lui promet la conquête du monde.
Le Nil se cache envain dans sa grotte profonde:
Il a reçu le joug; & pour punir ses Rois,
Les Dieux le font couler sous de nouvelles loix.
Au plaines de Tapsus on voit fumer encore

Les restes généreux d'un sang que Rome adore :
Scipion & Juba sont tombés sous ses coups.
Fier de tant de succès, il s'avance vers nous,
Et du fond de l'Egypte & de la Silicie,
Il vient nous disputer les sables de Lybie.
Parlez, Peres conscrits ; quels sont vos sentimens ?
Sentez-vous dans vos cœurs ces nobles mouvemens
Qui de la liberté ranimant l'étincelle,
Nous obligent de vaincre ou de mourir pour elle ;
Ou, jettant sur vos fers des yeux indifférens,
Êtes-vous préparés à servir les tirans ?
Parlez, Sempronius.

SEMPRONIUS.

Ma voix est pour la guerre :
C'est à nous de combattre au défaut du tonnerre.
Grands Dieux ! des Sénateurs devroient-ils hésiter
À rejetter les fers qu'on vient nous présenter ?
Renfermés trop longtems, faisons ouvrir nos portes :
Marchons à l'ennemi ; renversons ses cohortes.
Peut-être qu'aujourd'hui des efforts plus certains
Sauront trouver son cœur & changer nos destins.
Marchons, délivrons Rome & vengeons la Patrie.
Ne nous souvient-il plus des champs de Thessalie,
Où les corps dispersés de tant de Sénateurs,
Du sein de la mort même implorent des vengeurs ?
Nos parens, nos amis, immolés à Pharsale,

Semblent

Semblent nous accuſer d'une lenteur fatale ;
Et l'ombre de Pompée errante parmi nous,
Cherche ici des Romains & nous appelle tous ;
Tandis que le Sénat s'aſſemble pour connoître
Si nous devons mourir ou recevoir un maître.

CATON *à Sempronius.*

Défiez-vous, Seigneur, d'un zele impétueux,
Qui peut nous emporter au-delà de nos vœux.
La valeur véritable enfante des miracles,
Lorſque de la ſageſſe elle ſuit les oracles ;
Mais ſi nous n'écoutons de loix que nos fureurs,
Le courage eſt folie, & produit les malheurs.
Irons-nous expoſer par une ardeur funeſte
Aux fureurs des tirans le ſeul bien qui nous reſte.
Les jours de nos amis ? que diroit l'univers
Qui ſur le ſort de Rome a les regards ouverts ?
Que peut-être en cherchant une chute plus belle,
Tant de ſang répandu ne fut pas tout pour elle.

LUCIUS.

Eh quoi ! Peres conſcrits, ne ſommes-nous point las
De chercher déſormais d'inutiles combats ?
Le monde eſt embraſé du flambeau de la guerre :
Le coup qui frappa Rome a déſolé la terre ;
Il eſt tems de quitter ces glaives deſtructeurs,
Qui n'ont que trop ſervi nos coupables fureurs.

Non, ce n'eſt point Céſar, ce ſont les Dieux eux-
mêmes
Qui rempliſſent leur haine & leurs decrets ſuprêmes ;
Et nous leur réſiſtons, en cherchant l'ennemi
Qui, s'ils ne l'avouoient, ſeroit déja puni.
Ce n'eſt point pour nourrir des haines mutuelles
Que nous intéreſſons la terre à nos querelles ;
Le ſalut de l'État étoit notre devoir,
Et notre réſiſtance a paſſé notre eſpoir.
Nous avons ſignalé notre zele pour Rome ;
Mais ſous le bras des Dieux un Romain n'eſt qu'un
homme :
Ce que l'homme a pu faire, il l'a fait, & du moins
Nous en avons la terre & le ciel pour témoins.

SEMPRONIUS *à Caton.*

Un diſcours modéré quelquefois cache un traître,
Et je crois entrevoir que Lucius peut l'être ;
Caton, veillez ſur lui.

CATON *à Sempronius.*

Fuyons les deux excès :
Ne ſoyons ſoupçonneux ni trop ſûrs des ſuccès.
Souvent la trahiſon naît de la défiance,
Et le courage aveugle eſt toujours imprudence.

(*à Marcus qui entre*).

Que voulez-vous, mon fils ?

MARCUS.

Je viens d'être averti
Qu'un Chevalier Romain, autrefois votre ami,
De la part de César, pour la cause publique,
Demandoit à parler au Gouverneur d'Utique.

CATON.

Qu'il entre : le Sénat lui permet d'avancer.

SCENE II.

Acteurs précédens, DÉCIUS.

DÉCIUS.

Un ami de Caton ne peut trop s'empresser....

CATON.

Seigneur, est-ce à moi seul que ce discours s'adresse?

DÉCIUS.

Oui, c'est à vos vertus que César s'intéresse,
Et tremblant des malheurs qui ménacent vos jours,
Vous offre par ma voix d'en conserver le cours.

CATON.

S'il pouvoit à son gré disposer de la vie
De tant de Citoyens qu'immola sa furie,
Je chérirois, Seigneur, un si précieux don.

Mais le ſort de l'État eſt celui de Caton.
Céſar peut me ſauver, s'il veut épargner Rome :
C'eſt à ce ſeul bienfait qu'oſe aſpirer un homme
Qui, perdant cet eſpoir, ne voudroit plus ſouffrir
Des jours infortunés que Céſar peut m'offrir.

DÉCIUS.

Que parlez-vous encor de Rome & de Patrie,
Lorſqu'aux loix du vainqueur elle eſt aſſujettie ?
Ne vaudroit-il pas mieux rechercher aujourd'hui
Un ami dans Céſar, ou du moins un appui.

CATON.

Moi, l'ami de Céſar ! ce que je viens d'entendre
M'interdiroit ce nom, ſi j'y pouvois prétendre.

DÉCIUS.

C'eſt pourtant à ce titre & par des nœuds ſi doux,
Que mes ordres portoient de traiter avec vous.
Regardez s'élever ces funeſtes tempêtes
D'où la foudre en éclats va tomber ſur vos têtes.
Tandis qu'il en eſt tems, détournez vos malheurs :
Sur le ſort de l'État épargnez-vous des pleurs.
Pour cimenter la paix que Céſar vous préſente,
Uniſſez vos deſtins : Rome en ſera contente ;
Et dès cet heureux jour vous verrez les Romains
Admirer dans Caton le ſecond des humains.

CATON.

Que Caton à ce prix ſupporte l'exiſtence !
Non : ceſſez un diſcours dont mon ame s'offenſe.

DÉCIUS.

Dites-moi donc au moins ce que vous exigez ?

CATON.

Qu'il chaſſe ſes ſoldats de nos champs ravagés ;
Qu'il briſe des Romains les chaînes tiranniques ;
Que, ſoumettant ſa tête aux cenſures publiques,
Il attende ſon ſort du Sénat réuni ;
Et dès ce même inſtant je ſerai ſon ami.

DÉCIUS.

Le monde à vos vertus.....

CATON.

Je ne ſuis point capable
De pallier le crime & blanchir le coupable ;
Mais ſi-tôt qu'au grand jour on voit ſon attentat,
Lorſqu'il eſt condamné par la voix du Sénat ;
Alors plus indulgent au devoir de ma place,
J'irois au peuple entier ſolliciter ſa grace.

DÉCIUS.

Ce diſcours faſtueux qui convient au vainqueur,
N'eſt-il point déplacé dans le ſein du malheur ?

CATON.

C'eſt celui d'un Romain qui fuit l'ignominie,
Et brave le tiran, s'il hait la tirannie.

DÉCIUS.

Qu'eſt-ce donc qu'un Romain de Céſar ennemi?

CATON.

Il eſt de la vertu l'inébranlable ami:
Il eſt plus que Céſar.

DECIUS.

De votre République
Voyez ce foible reſte enfermé dans Utique;
Vous n'y retrouvez point ce Capitole altier
D'où votre voix tonnoit ſur l'univers entier;
Où le peuple, charmé de vos préceptes ſages,
Au Tribun vertueux prodiguoit les ſuffrages.

CATON.

C'eſt Céſar qui nous force à chercher dans ces murs
Contre l'oppreſſion des aſiles plus ſûrs;
C'eſt lui qui du trépas nous ouvrit les abîmes:
Vous plaignez notre ſort: nos malheurs ſont ſes crimes.
Mais dépouillons ici ce mortel orgueilleux
De l'éclat des ſuccès qui faſcine vos yeux.
J'y vois d'aſſaſſinats un énorme aſſemblage,
Les noires cruautés, la ſacrilege rage

De vouloir captiver les Romains ſous des loix
Que Rome déteſtoit, même aux tems de ſes Rois.
Mais s'il ne voit en moi, lorqu'il m'offre des chaînes,
Qu'un malheureux courbé ſous le poids de ſes peines,
Qu'il ſache que Caton rougiroit d'accepter
D'être égal à Céſar, s'il falloit l'imiter.

DECIUS.

Et voilà donc, Seigneur, la derniere réponſe
Que pour le Dictateur votre fierté prononce ;
Lui dont l'offre flatteuſe & les ſoins généreux. .

CATON.

Ses ſoins pour moi ſont vains. Mortel préſomptueux!
Je n'attends rien de lui. Cette importune vie,
Sans un décret des Dieux ne peut m'être ravie ;
Et jamais, de mon ſort quel que ſoit le hazard,
Elle ne dépendra des bontés de Céſar.
Mais s'il veut nous montrer la grandeur de ſon ame ;
D'un moment de vertu ſi le retour l'enflamme ;
Qu'il ſonge à mes amis, qu'il prête ſon appui
A des Républicains plus vertueux que lui ;
Et faſſe un noble emploi d'un droit illégitime
Qu'il ne tient juſqu'ici que des ſuccès du crime.

DECIUS.

On retrouve toujours, dans ce ſuperbe ton,
L'inflexibilité de l'ame de Caton.

Votre vertu vous trompe : une indiſcrette haine
Aux maux qui vous fuyoient, malgré moi vous entraine.
J'ai tout dit & je pars. Des efforts que j'ai faits,
Quand je raconterai le malheureux ſuccès,
Rome, ne comptant plus ſur d'impuiſſantes armes,
A vos triſtes deſtins n'offrira que des larmes.

(*Il ſort.*)

SCENE III.

LE SÉNAT ASSEMBLÉ, comme ci-deſſus.

SEMPRONIUS *à Caton.*

QUE ne devons-nous point au zele généreux
Qui dictoit ta réponſe & ſeconde nos vœux?
Oui, Caton, la Patrie inſpire ta grande ame;
Elle échauffe ton cœur de ſa divine flamme;
Et Céſar, entendant l'auſtere vérité,
Va frémir dans le ſein de la proſpérité.

LUCIUS *à Sempronius.*

Nous devons encor plus à ce ſoin tutelaire
Qui pour tous ſes amis l'encourage & l'éclaire;
Tandis que, négligeant de veiller ſur ſes jours,
Il laiſſe à ſon deſtin à diriger leur cours.

SEMPRONIUS *à Lucius.*

Je ſuis loin de marquer tant de reconnoiſſance,
Seigneur : elle ſuppoſe un peu trop de prudence.
Qu'eſt-ce donc que la vie ? un funeſte préſent,
Que la liberté ſeule a rendu moins peſant ;
Elle n'acquiert un prix qu'à l'inſtant où j'aſpire
A la ſacrifier au ſalut de l'Empire.
Si quelqu'autre avant moi vient à frapper Céſar,
Je mourrai de douleur d'être arrivé trop tard.

LUCIUS.

Quelques-uns ſerviront peut-être la Patrie
Avec autant de zele & bien moins de furie.

SEMPRONIUS.

Et d'autres pourroient bien, ſans doute avec raiſon,
Déſapprouver ce flegme un peu hors de ſaiſon,
Qui, lorſque la Patrie excite à la vengeance,
Dans des Républicains paroît indifférence.

CATON.

Ceſſons, Peres Conſcrits, ces dangereux débats
Qui partageroient Rome, & ne la vengent pas.
Nous ſommes ſes enfans : un ſi glorieux titre
De nos diviſions doit la rendre l'arbitre ;
Et par un nœud ſi ſaint déſormais réunis,
Ne conſervons de fiel que pour ſes ennemis.

SEMPRONIUS.

Oui, mes reſſentimens, ô ma chere Patrie,
Seront ſacrifiés au devoir qui nous lie.
Mais on me cenſuroit, & je n'ai pu ſouffrir
Que d'un honteux reproche on voulût me couvrir;
Ni penſer qu'un Romain armé pour ta querelle,
En dédaignant la vie eût montré trop de zele.

CATON.

Sur le ſort de l'Etat que déciderons-nous?

LUCIUS.

A l'avis de Caton nous nous rangerons tous.
Il eſt notre ſoutien : ſa voix eſt notre oracle.

CATON.

Nous pouvons au vainqueur offrir plus d'un obſtacle.
Nous avons des remparts, des ſoldats aguéris,
Au climat de l'Afrique élevés & nourris.
Plus loin eſt de Juba la nombreuſe Province,
Prête à nous ſecourir, à la voix de ſon Prince.
Tant que cette eſpérance animera nos vœux,
Songeons à nous défendre & comptons ſur les Dieux.
Si jamais le tiran nous force à nous ſoumettre,
Amis, de vrais Romains ne doivent pas permettre
Que Rome de ſa chute amene les inſtans,
Et reçoive des fers forgés avant le tems.
Mais plutôt relevons, auſſi-tôt que détruites,

De notre liberté les auguſtes limites ;
Duſſions-nous n'en jouir qu'un jour, qu'un ſeul moment,
Il faudroit l'obtenir : voilà mon ſentiment ;
Et ce ſeroit ſans doute un plus grand avantage
Que des jours éternels trainés dans l'eſclavage.
Amis, ce jour encore eſt en notre pouvoir :
Paſſons-le dans la paix, l'amitié, le devoir,
Dans tous les ſentimens que Rome nous inſpire ;
Et par tant de vertus forçons le Ciel à dire :
(Au parti de Céſar s'il doit être rangé)
Que ce jour auroit dû nous être prolongé.

SCENE IV.

CATON, JUBA.

LES Sénateurs s'étant retirés, Juba qui cherche quelque moyen de faire à Caton l'aveu de ſon amour pour Marcie, emploie en amant timide les plus grands détours. Il commence par s'informer de la réſolution que le Sénat a priſe, il y applaudit ; il rappelle la mémoire de ſon Pere qui, quelques jours avant ſa mort, lui conſeilla de ſuivre la fortune de Caton ; il peint la conſidération que ce Roi s'étoit acquiſe dans l'eſprit des Princes ſes Voiſins ; puis engage Caton à quitter Utique, dont les forces ne peuvent reſiſter long-tems aux armes de Céſar, & lui conſeille d'entrer dans la Numidie, où il lui offre le ſecours de ſes troupes & l'alliance des amis de ſon Pere. Caton refuſe de fuir devant l'épée de Céſar. Après quelques autres propos par leſquels Juba exprime ſon attendriſſement ſur le ſort de Caton, qui ne lui répond que par des leçons de fermeté dans le malheur, le jeune Prince lui avoue enfin que toute la félicité à laquelle il aſpire, dépend de lui. Caton prend un air ſévére, feint de ne l'avoir pas entendu ; & au ſeul nom de Marcie que Juba prononce, il l'interrompt, & lui dit en le quittant, que dans la ſituation où le ſort les a réduits, il ne doit être queſtion que d'eſclavage ou de victoire, de mort ou de liberté. [*Caton ſort.*]

SCENE V.

JUBA, SYPHAX.

SYPHAX étonné de la conſternation qu'il apperçoit ſur le viſage de Juba, lui demande *ſi ce Philoſophe ſévere* qui vient de ſortir *l'a grondé.* Juba lui avoue qu'il craint d'avoir perdu l'eſtime de Caton, en lui découvrant ſes ſentimens pour ſa fille. Syphax le raille ſur le choix d'un pareil confident, & ajoûte quelques autres plaiſanteries de la même force. Puis rappellant au Prince le ſouvenir des premiers tems de ſa jeuneſſe, où la chaſſe des bêtes féroces formoit ſes plus grands amuſemens, il lui déclare qu'il le trouve bien changé depuis peu; mais s'appercevant que Juba eſt trop occupé de Marcie, pour l'écouter, il lui propoſe un moyen de la poſſéder, & ce moyen eſt un enlévement. Juba rejette en frémiſſant un projet digne d'un ſcélérat. Le vieux Général lui dit qu'il ſeroit tenté de *s'arracher la barbe* quand il entend parler de la ſorte, & lui allégue cet Empire Romain pour lequel il a une ſi grande vénération, & qui ne fut fondé que par l'enlévement des Sabines, dont tant de grands hommes, & Caton lui-même, ſont iſſus. De propos en propos le Prince s'irrite juſqu'à l'appeller *Vieux traitre*. Syphax cherche à rentrer en grace. Il l'aſſure d'un attachement inviolable, dont la preuve eſt dans le ſacrifice de ſes ſentimens les plus chers, en lui propoſant de commettre une action qu'il déteſte lui-même. Juba s'appaiſe, convient d'avoir été trop prompt & nie les injures qu'il lui a dites. Syphax lui fait compliment ſur le bonheur que goûteront les ſujets d'un Prince qui peuvent eſpérer de lui plaire ſans compromettre leur honneur ; Épigramme qui pouvoit être plaiſante pour la Cour de Charles ſecond. Enfin, Juba prie Syphax d'oublier ſon emportement, & part pour employer quelques moyens de rentrer dans les bonnes graces de Caton. Mais le vieux Général, reſté ſeul, a toujours ſur le cœur les injures que le Prince lui a prodiguées, & s'affermit dans la résolution de s'attacher au parti de César.

SCENE VI.

SEMPRONIUS, SYPHAX.

SEMPRONIUS vient lui apprendre que leur projet a pensé échouer dans l'assemblée du Sénat; que Lucius y a fortement parlé en faveur de la paix, & qu'un envoyé de César est venu la proposer à Caton. Il craint qu'elle ne soit acceptée avant l'exécution de leur entreprise. Syphax inquiet lui demande comment Caton a reçu cet Ambassadeur.

SEMPRONIUS.

Ecoutes : connois-tu l'Atlas audacieux,
Dont la cime s'éleve & se perd dans les Cieux ?
As-tu vu quelquefois l'effort de la tempête,
Et la foudre en éclats lutter contre sa tête ;
Et l'Océan jaloux, furieux, mugissant,
Exhaler à ses pieds son courroux impuissant :
Frappé de toutes parts, il reste inébranlable.
Tel est Caton, tandis que le destin l'accable ;

Et ſon farouche orgueil va juſqu'à refuſer
Les bienfaits de Céſar qu'il oſe mépriſer.

Le reſte de cette Scene ſe paſſe à concerter leur projet, à ſe promettre des ſecours mutuels dans l'attaque de la maiſon du Sénat qui doit commencer dans une heure. Sempronius ſe propoſe toujours d'avoir Marcie en partage. Syphax ſe réjouit d'avance de voir Caton effrayé d'une révolte générale. *Ainſi*, dit-il, *dans les vaſtes champs de Numidie, lorſque les ouragans deſcendent, compriment l'air avec effort, ſe jouent dans les tourbillons, enlevent les ſables juſqu'au Ciel, & font diſparoître des plaines entieres ; le voyageur conſterné & ſans ſecours, voit le déſert aride s'élever autour de lui, & meurt enveloppé dans un nuage de pouſſiere.*

Fin du ſecond Acte.

ACTE III.

SCENE PREMIERE.

MARCUS, PORTIUS.

CES deux freres ſe donnent mutuellement quelques témoignages d'amitié qui ramenent les plaintes de Marcus ſur un amour auſſi malheureux qu'indomptable. Il engage même Portius à parler à Lucie en ſa faveur. Celui-ci refuſe, auſſi long-tems qu'il le peut, une commiſſion auſſi délicate. Marcus apperçoit Lucie qui vient vers eux, & ſe retire, en priant ſon frere de ſonger que ſa vie dépend de lui.

SCENE II.

LUCIE, PORTIUS.

LUCIE demande à ſon amant pourquoi ſon frere s'éloigne à ſa vue. Celui-ci lui peint avec les expreſſions les plus fortes, le violent amour dont Marcus eſt agité. Lucie attendrie d'une ſituation ſi cruelle, jure à Portius que tandis que les malheurs qu'elle entrevoit, menaceront la famille de Caton, elle ne conſentira jamais à l'épouſer, & fera même des efforts pour l'oublier. Proteſtations de Portius contre cette réſolution, fermeté de Lucie, reproches de l'amant, évanouiſſement de l'amante, racommodement; tel eſt le tiſſu de cette Scene dont on doit me ſavoir gré d'épargner le détail.

SCENE III.

PORTIUS, MARCUS.

MARCUS rentre pour s'informer des ſentimens de Lucie. Son frere lui donne une défaite auſſi conſolante qu'il le peut. Marcus, naturellement violent, s'emporte contre-lui de ſon peu de ſuccès, & finit par lui en demander pardon. Dans cet inſtant, ils entendent un bruit tumultueux de gens armés; ce qui fait ſouhaiter à Marcus que ce ſoit quelque occaſion de trouver la mort, puiſqu'il n'a pu toucher le cœur de Lucie. Les deux freres ſortent dans la réſolution d'aller combattre.

SCENE IV.

SEMPRONIUS, *Chefs de Factieux.*

SEMPRONIUS affigne fon pofte à chacun de ces Chefs, tandis qu'il va rejoindre Caton, pour mieux veiller, dit-il, à leur fûreté. Ces braves fe promettent de faire des merveilles.

SCENE V.

CATON, LUCIUS, SEMPRONIUS, PORTIUS, MARCUS, *Chefs & Troupe de Factieux.*

CATON fe préfente hardiment, & les revoltés reftent interdits, au grand étonnement de Sempronius. Caton leur adreffe la parole :

Eft-ce vous qui laffés du titre de Romains,
Dans le fang de Caton venez tremper vos mains?

Voulez-vous, démentant vos actions passées,
Les voir en un seul jour par le crime effacées?
De quoi vous plaignez-vous? d'être loin de ces lieux
Jadis plus fortunés sous nos sages ayeux.
Repondez: n'est-ce pas l'horreur de l'infamie
Qui vous a fait quitter la fertile Italie,
Pour vous soustraire au moins, dans ces climats brûlans,
Aux fers injurieux forgés par nos tirans.
Prétendiez-vous alors à l'espérance vile
D'amasser les tresors d'un pillage facile?
Si vous êtiez guidés par ce motif honteux,
Dans le camp de César allez combler vos voeux;
Partez: c'est près de lui que l'on voit la fortune
Etaler ses faux biens & sa pompe importune.
 Hélas! pourquoi faut-il qu'au milieu des déserts,
Caton ait pu survivre aux maux qu'il a soufferts;
Il eut cédé du moins au destin qui l'opprime,
Sans que ses yeux mourans eussent vu votre crime.
Ingrats, voilà mon sein découvert à vos coups:
Faites sortir des rangs celui qui d'entre vous
A mieux souffert que moi la faim & la fatigue;
Qu'il remplisse le voeu d'une coupable ligue;
Qu'il frappe le premier.... vous restez interdits!
Eh bien de Rome encor montrez-vous les amis:
Rentrez dans le chemin que la vertu vous trace;
Abandonnez vos chefs; le Sénat vous fait grace.

Quant à ces Chefs ; Licteurs, menez-les à la mort.
Je plains, je l'avouerai, la rigueur de leur ſort ;
Mais ce ſiecle pervers a beſoin de juſtice :
Il faut l'intimider par l'aſpect du ſupplice :
C'eſt le frein des méchans, c'eſt le ſoutien des loix.
Quand le crime expirant en a ſenti le poids,
Les Dieux alors vengés dépoſent le tonnerre
Dont leur juſte courroux s'armoit contre la terre.
Allons, Peres Conſcrits, aux pieds de leurs autels,
Offrir de nouveaux vœux à ces Dieux immortels.
Tâchons, par l'appareil d'un pompeux ſacrifice,
De rendre à notre ſort leur puiſſance propice.
Et toi, juſqu'à ce jour, qui nous as tant coûté,
Paſſion des grands cœurs, auguſte liberté,
Soyons heureux par toi, ſois notre récompenſe ;
Ou mourons pleins de gloire en prenant ta défenſe.

SCENE VI.

SEMPRONIUS, *Chefs de Factieux.*

J'AI cru ne devoir pas affoiblir la Scene précédente par quelques propos bas, dont Sempronius appuie de tems en tems le diſcours de Caton avec qui il eſt toujours d'accord,

& lui montre un zéle si affecté, qu'il va même jusqu'à solliciter de présider au supplice de ces Chefs, & propose de leur faire subir des tourmens inouïs. Lorsque Caton est retiré, le premier Chef croit devoir à Sempronius un compliment sur son adroite dissimulation. Celui-ci les traite tous de lâches & de traitres, & leur dit, en les livrant aux boureaux, que lorsque des gens de leur sorte sont choisis pour exécuter une trahison; si le complot réussit, ils n'ont que le mépris pour partage; mais que s'il manque par leur lâcheté, ils doivent s'attendre à une mort certaine.

SCENE VII.

SEMPRONIUS, SYPHAX.

C'EST dans cette Scene que ces deux scélérats prennent leur derniere résolution pour la plus lâche des entreprises. Fâché du peu de succès de leur premier projet, Syphax conseille à Sempronius de se faciliter une entrée dans la maiſon de Caton, en prenant les habits & le cortége de Juba qui ſeul, dit-il, a droit d'y être reçu ; ce qui ne paroît pas vraiſemblable chez un Gouverneur de Place, ſurtout aux approches d'un ſiége. Sous ce déguiſement, Sempronius doit enlever Marcie ; Syphax de ſon côté doit aſſembler ſes troupes ; forcer, pour ſortir de la Ville, la Porte où Marcus eſt de garde, & dans la journée ſe rendre au Camp de Céſar. Je dois à la décence de ne pas traduire les expreſſions licentieuſes de la joie à laquelle ſe livre Sempronius, flatté de la poſſeſſion de Marcie. Il ſeroit à ſouhaiter que ces images trop libres fuſſent bannies du Théatre Anglais, où il n'eſt que trop commun de les rencontrer.

Cet Acte, eſt terminé par une comparaiſon tirée de la fable de l'enlévement de Proſerpine.

Fin du troiſieme Acte.

ACTE IV.

SCENE PREMIERE.

LUCIE, MARCIE.

ON ſe doute bien que cette Scene eſt encore une Scene d'amour. Il ſuffira de dire que Marcie eſt trop épriſe de Juba, pour vouloir entendre prononcer même le nom de Sempronius. Cette converſation eſt interrompue par le bruit de quelqu'un qui s'avance. Marcie effrayée ſe retire avec ſa compagne.

SCENE II.

SEMPRONIUS, *Satellites.*

CE Sénateur déguiſé ainſi qu'il l'a projetté & accompagné de quelques braves, leur fait leur leçon ſur la maniere d'enlever Marcie.

Mais Juba qu'il n'attendoit pas, vient à sa rencontre, & lui demande raison de ce déguisement. Sempronius veut lui répondre par un coup d'épée; Juba le prévient & lui enfonce la sienne dans le cœur. Sempronius expire en prononçant quelques imprécations. Juba fait marcher devant lui ces satellites, dans l'intentention de les conduire à Caton, afin d'être éclairci des motifs de ce déguisement. Le Corps de Sempronius reste sur la Scene.

SCENE III.

LUCIE, MARCIE.

JE passe avec rapidité sur une Scene qui dépare cet Ouvrage plus qu'aucune autre. Ces deux femmes qui s'étoient éloignées par un mouvement de frayeur jusques-là assez peu fondée, reviennent sans que l'on sache pourquoi. Elles trouvent à leurs pieds un cadavre revêtu des habits de Juba; Marcie, qui le prend pour son amant, montre toute la senſibilité que cette perte lui cauſe. Juba qui n'a point mené à Caton les ſatellites de la Scene précédente, ainſi qu'il l'annonçoit [car on verra toute à l'heure que Caton n'eſt point inſtruit de la mort de Sempronius] Juba, dis-je, vient ſe placer derriere Marcie, & écoute tranquillement ſa complainte amoureuſe. Enfin lorſqu'il croit avoir aſſez appris combien il eſt aimé, il ſe préſente & la détrompe. Je penſe que la Comédie auroit quelques droits de revendiquer une partie de cette ſituation.

SCENE IV.

CATON, LUCIUS.

[*On entend une marche guerriere*].

LUCIUS.

EH quoi, Sempronius, qui tantôt au Sénat
Paroiſſoit ſi zélé pour le bien de l'Etat,
Abandonnant les droits de la cauſe publique,
Auroit-il étouffé ſon feu patriotique,
Dès le premier inſtant qu'il eſt quelque danger

Que ſon amour pour Rome auroit dû partager ?

CATON.

Depuis que la diſcorde & ſes poiſons funeſtes
D'un peuple citoyen ont corrompu les reſtes,
Rien ne m'étonne plus. Mais j'apperçois mon fils :
Je lis quelque malheur dans ſes yeux interdits.

(*à Portius qui entre.*)

Que viens-tu m'annoncer ?

PORTIUS.

Hélas ! une nouvelle
Qui vous affligera.

CATON.

Parles donc : quelle eſt-elle ?
Céſar a-t'il encor verſé du ſang romain ?

PORTIUS.

Non. C'eſt un coup fatal parti d'une autre main.
Le perfide Syphax, dont la coupable audace
Avoit tantôt ſans ordre exercé ſur la place
De ſes Numidiens les Eſcadrons nombreux,
Vient de ſaiſir l'inſtant de s'enfuir avec eux.
Il marchoit vers la porte où mon frere eſt de garde,
Je vole à ſa rencontre, & lorſque je haſarde
De ramener vers nous ſes pas précipités,
J'apprends par ſes diſcours lâchement concertés,

Que de Sempronius ami toujours fidele,
De ſa mort à Céſar il portoit la nouvelle.

CATON.

Ah, perfide Africain! vous, mon fils, allez voir
Si Marcus à ſon poſte aura fait ſon devoir,
Et s'il a mérité que ſon pere le nomme
La terreur des méchans & le vengeur de Rome.
J'attends votre retour. (*Portius ſort*).
(*à Lucius*). O comble de douleur!
Ami, mon cœur s'irrite à ce dernier malheur.
Je ne puis juſques-là ſupporter l'infortune.
La lumiere du jour m'accable & m'importune.
Sous le bras de Céſar l'Univers abattu,
N'a pas conſervé même une ombre de vertu;
Je n'y dois plus reſter.

LUCIUS.

Tant que la perfidie,
L'orgueil, l'oppreſſion, l'injuſtice & l'envie,
Regneront en tirans ſur ce foible Univers;
Tes jours aux malheureux ſeront toujours plus chers.
Ami du genre humain qui dans toi ſeul eſpere,
Ah! ne dédaignes point de lui ſervir de pere:
Soumets en ſa faveur ta grande ame à Céſar.

CATON.

Vivrois-je pour ſervir d'ornement à ſon char?

Pourrois-je me ſoumettre aux caprices d'un homme;
Qui fonde ſa grandeur ſur les débris de Rome.

LUCIUS.

Puiſque le Dictateur te fait offrir la paix,
Il agira ſans doute au gré de tes ſouhaits.
Céſar a des vertus & ſon ame attendrie....

CATON.

Ces vertus que l'on vante ont perdu ſa patrie:
Je me flattois qu'un jour il ſauroit la ſervir;
Il abuſa de tout, dès qu'il put la trahir.

(*Portius rentre*).

Mais Portius revient. Eh bien; que fait ton frere?
Eſt-il digne de Rome?

PORTIUS.

Ah! trop malheureux pere!

CATON.

Quoi! Marcus auroit-il lâchement balancé
A mourir dans le poſte où je l'avois placé?
A-t-il baiſſé les yeux, à l'inſtant où le traître
Abandonnoit ces murs ſans l'ordre de ſon maître?
A-t-il fui?

PORTIUS.

Banniſſez d'injurieux ſoupçons:
Il a mieux profité de vos ſages leçons.

Dès qu'il a vu Syphax & sa perfide escorte,
S'emparant du chemin qui conduit à la porte;
Il marche à sa rencontre & fait tête au danger
Que ses braves amis brûloient de partager.
Son intrépidité retient les destinées
Sous son bras foudroyant quelque tems enchaînées,
Et courant à Syphax qui cherche à l'éviter,
Il apperçoit son trouble & sait en profiter;
Le traître tombe & meurt. Mais que peut le courage
Contre l'effort du nombre & les traits de la rage!
Mon frere, implorant Rome & chérissant son sort,
Dans le sein de la gloire a rencontré la mort.

CATON.

Il a fait son devoir... mon fils, qu'il vous souvienne
De placer, à ma mort, mon urne avec la sienne.

PORTIUS.

Puissent les justes Dieux, protecteurs de vos jours,
Au gré de nos souhaits en prolonger le cours.

LUCIUS *à Caton, en voyant apporter le corps de Marcus.*

Ami, rassemble ici les forces de ton ame,
Dans ce fatal instant la vertu les reclame;
Nos citoyens en pleurs apportent dans ces lieux
D'un fils qui te fut cher les restes malheureux.

CATON *avec transport.*

Le voici... mes amis, permettez que je voie...
Posez-le... laissez-moi... ce court instant de joie...
Laissez-moi regarder ces blessures, ce sang,
Ce sang qui coule encor de son généreux flanc.
Avouons que la mort est glorieuse & belle,
Quand on court de l'honneur la carriere immortelle.
Mon fils est mort pour Rome!... eh! lequel d'entre nous,
De son destin brillant ne seroit pas jaloux?
Hélas, pourquoi faut-il, en servant la patrie,
Ne pouvoir qu'une fois sacrifier sa vie?
Mais je vois que vos yeux sont inondés de pleurs.
Amis, réservons-les pour de plus grands malheurs:
Gémissons sur le sort de la Reine du monde.
Cette superbe Rome en héros si féconde;
Rome qui sous leur thrône écrasoit les tirans,
De ce monde usurpé despôtes insolens;
Rome ... Rome n'est plus. O ma chere patrie!
Ta liberté, tes droits, ta vertu t'est ravie.
César jouit de tout, & recueille le fruit
Que six cens ans de gloire à peine avoient produit.
Admirons des destins la chaîne imperceptible:
Nous-mêmes préparions cette chûte terrible.
Fatale ambition! nos imprudens ayeux
Ont servi les desseins d'un homme ambitieux,

Ils ont orné pour lui le char de la victoire ;
Pernicieux effets de l'amour de la gloire
Qu'au sein de ses enfans elle avoit su nourrir,
Un Romain n'a trouvé que Rome à conquérir.

LUCIUS.

C'est à toi de fléchir son fougueux caractere.
Tandis que tu vivras, ta vertu qu'il révere,
Peut adoucir les maux de ce triste univers,
Qui, s'il t'avoit perdu, languiroit dans les fers :
Fais rougir le tiran de sa gloire fatale.

CATON.

Quoi donc ! a-t'il rougi dans les champs de Pharsale ?

LUCIUS.

Eh bien ! m'en croiras-tu ? sauves-nous, sauves-toi :
Il en est tems encor.

CATON.

Ne pensez point à moi ;
Je suis en sûreté......

Caton termine cette Scene en témoignant à ses amis toute son inquiétude sur leur sort. Il approuve qu'ils implorent la clémence de César. Il engage Portius à se retirer dans le séjour de ses ancêtres. Mais en faveur de ceux qui ne voudroient pas se fier au vainqueur, il leur

D

propose de profiter de quelques Vaisseaux préparés par ses ordres, pour les conduire dans tel Port qu'ils souhaiteront.

Après avoir arrangé toutes choses avec le plus grand sang-froid, il leur dit adieu, *espérant de les revoir un jour dans des climats plus heureux & sur un rivage plus sûr, où César ne les poursuivra plus.*

Fin du quatrieme Acte.

ACTE V.

SCENE PREMIERE. *

CATON, seul, assis, l'air pensif, tenant en main le traité de Platon sur l'immortalité de l'ame; une épée nue est devant lui sur une table.

Oui sans doute, Platon : mon ame est immortelle.
Je le juge aux transports que je sens naître en elle,
Au moment où je pense à briser les ressorts
Qui, dès que je suis né, l'ont unie à mon corps.

---

* On sera peut-être bien aise de voir ici comment un Poëte célébre à qui nous avons obligation de nous avoir fait connoître plusieurs beaux morceaux du Théatre Anglais, a traité le commencement de cette Scene. Il est, je crois, inutile de prévenir que dans ces sortes de traductions, il se livre plus à son génie, qu'il ne s'attache à suivre pas à pas son Auteur.

Oui, Platon, tu dis vrai : notre ame est immortelle.
C'est un Dieu qui lui parle, un Dieu qui vit en elle.

Car d'où naîtroient en nous l'espérance suprême
Et le desir ardent de survivre à soi-même ?
Et d'où naîtroit aussi cette secrette peur
De cesser d'être ?. ah Ciel ! elle me fait horreur,
Si mon ame frémit à cette seule crainte,
Par la Divinité je sens qu'elle est empreinte.
N'en doutons point : le Ciel nous montre un avenir ;
Et l'homme tout entier ne doit jamais mourir.
Profonde Eternité ! trop confuse pensée.....
D'horreur & de plaisir elle est entrelacée.
Abîme de l'esprit !... avant de te trouver,
Quels nouveaux changemens dois-je encor éprouver ?
Dans le vaste lointain de cette perspective,
J'apperçois d'un coup d'œil briller mon ame active ;
Mais un nuage épais vient obscurcir le jour
Qui me laisse entrevoir ce consolant séjour.

Hé ! d'où viendroit sans lui ce grand pressentiment,
Ce dégoût des faux biens, cette horreur du néant,
Vers des siécles sans fin je sens que tu m'entraînes,
Du monde & de mes sens je vais briser les chaînes,
Et m'ouvrir, loin d'un corps dans la fange arrêté,
Les portes de la Vie & de l'Éternité.
L'Éternité !.... quel mot consolant & terrible !
O lumière ! ô nuage ! ô profondeur horrible !
Qui suis-je ? où suis-je ? où vais-je, & d'où suis-je tiré ?
Dans quel climat nouveau, dans quel monde ignoré,
Le moment du trépas va-t'il plonger mon être ?

Cependant si la voix de toute la nature,
Si de cet univers l'admirable structure;
Que dis-je! si l'insecte, en naissant sous mes pas,
M'a révélé le Dieu qu'il ne connoissoit pas;
Si tout me dit qu'il est: la vertu doit lui plaire;
Et le sage qui vit sous son empire austere,
Doit en trouver le prix: doit prétendre au bonheur.
Mais quand?... mais où?... ce monde est le prix du vainqueur;
Et César à ses loix asservissant la terre,
Contre la vertu seule éternise la guerre.
C'en est trop, & fuyant tant de perplexité,
A l'aide de ce fer cherchons la vérité.

(*Il prend son épée.*)

Où sera cet esprit qui ne peut se connoître?
Que me préparez-vous Abîmes ténébreux?
Alors, s'il est un Dieu, Caton doit être heureux,
Il en est un sans doute, & je suis son ouvrage;
Lui-même au Cœur du juste il empreint son image.
Il doit venger sa cause & punir les pervers.
Mais comment? dans quel tems, & dans quel univers?
Ici la vertu pleure, & l'audace l'opprime,
L'innocent à genoux y tend la gorge au crime;
La fortune y domine, & tout y suit son char:
Ce Globe infortuné fut formé pour César.
Hâtons-nous de sortir d'une prison funeste.
Je te verrai sans ombre, ô vérité céleste.

Armé contre la mort, armé contre la vie ;
La victoire à mon bras ne sera point ravie.
Si je vais, de mes mains, détruire ma prison ;
L'antidote est encor plus sûr que le poison.
L'un va tout terminer ici bas ; mais ce livre
Me rassure & m'apprend que je dois toujours vivre.
Mon esprit, satisfait d'un avenir certain,
Semble sourire au fer & brave son destin.
Le soleil tout-à-coup verra tarir la source
De ces torrens de feu qu'il vomit dans sa course ;
Des pôles ébranlés l'axe se brisera ;
Des jours de l'univers le terme expirera ;
La nature éplorée au milieu des ravages,
Verra le choc affreux de ses frêles ouvrages ;
Les élémens en guerre &, pour dernier repos,
Rentrant dans le désordre & la nuit du cahos ;
Tandis que mon esprit, immortelle étincelle,
Ira se réunir à sa cause immortelle.
Mais quelle léthargie appesantit mes sens,
Et soumet à son joug mes membres languissans ?
De soucis, de travaux la nature lassée,
Appelle le soleil sur ma tête oppressée.
Oui, je veux bien encor, pour la derniere fois,
Écouter les accens de sa pénible voix ;

Tu te caches à nous dans ces jours de sommeil :
Cette vie est un songe, & la mort un reveil.

Afin qu'à mon reveil, une force plus vive
Porte mon ame au ſein du Dieu dont je la prive.
Que le crime, au méchant préſentant les faiſceaux *,
Juſques dans ſon ſommeil prévienne ſes bourreaux;
Que la frayeur, au lâche inſpirant ſes menſonges,
Trouble ſon foible cœur du preſtige des ſonges;
Caton ne connoît point les horreurs de leur ſort:
Il voit d'un œil égal le ſommeil & la mort.

SCENE II.

CATON, PORTIUS.

PORTIUS ſurprend ſon Pere une épée à la main, il veut la lui enlever. Caton lui demande ſi ſon intention ſeroit de le livrer à Céſar; puis ſe radouciſſant, il parvient par des expreſſions ambigues, à tranquilliſer ſon fils, dont il ſe débaraſſe, en le chargeant d'aller voir ſi ſes amis ont trouvé tous les ſecours qu'il leur a promis, & l'aſſure que, pendant ce tems-là, il va chercher un peu de repos dont il a beſoin. Il ſe retire dans une chambre voiſine.

* Inſtrumens du ſupplice chez les Romains.

J'abrége autant que je puis, le reſte de cet Acte, où rien ne m'a paru ſuſceptible de verſification; quoiqu'il y regne un aſſez grand intérêt, ſurtout pendant le ſommeil de Caton. Sa fille, Lucie, Lucius, viennent ſucceſſivement s'informer de ſa ſituation. Juba vient leur apprendre que l'armée de Céſar s'approche & n'eſt plus qu'à une lieue d'Utique. Lucius propoſe d'éveiller Caton. Portius, de ſon côté vient annoncer l'arrivée d'un Vaiſſeau expédié par un des fils de Pompée, pour informer Caton qu'il a excité l'Eſpagne à venger la mort de ſon Pere, & le prier de ſe mettre à la tête d'une armée qui peut encore réparer les malheurs de Rome. Portius, pendant ce récit, entend quelques ſoupirs dans l'appartement de ſon Pere. Il y court, & revient raconter qu'il l'a trouvé tombé ſur ſon épée & baigné dans ſon ſang. Il l'a relevé & placé dans un fauteuil. On l'apporte, pour ſatisfaire au deſir qu'il a témoigné de voir encore ſes amis avant que d'expirer. On ſe doute bien qu'il engage Lucius à donner ſa fille à Portius, & qu'il conſent

d'unir

d'unir Juba avec Marcie qu'il croit devoir consoler du malheur de n'épouſer qu'un Roi. Quelques remords viennent troubler ſes derniers momens ; il craint de n'avoir pas eu le droit de diſpoſer de ſes jours. Mais il ſe confie en la bonté des Dieux & rend le dernier ſoupir.

Lucius propoſe de faire porter à Céſar ce corps reſpectable, afin qu'il ſerve de barriere à la colere du vainqueur.

Une courte réflexion ſur les malheurs que la guerre civile entraîne après elle, ſert de morale à cette Tragédie, dont M. Addiſſon a adroitement profité, pour faire ſa Cour à Charles ſecond, relativement à la diſpoſition des eſprits encore agités des troubles du Regne précédent.

Fin du cinquieme & dernier Acte.

APPROBATION.

J'AI lu, par ordre de Monſeigneur le Vice-Chancelier, un Manuſcrit intitulé CATON D'UTIQUE, &c. & je crois qu'on peut en permettre l'Impreſſion. A Paris, ce 4 Décembre 1766. MARIN.

www.ingramcontent.com/pod-product-compliance
Ingram Content Group UK Ltd.
Pitfield, Milton Keynes, MK11 3LW, UK
UKHW021112290826
14628UKWH00014B/1863

9 782329 341958